das geheimnis des
denkenden hasen und
*andere geschichten*

„Ich wollte nicht, dass meine Söhne das Gefühl bekämen, ihre Schriftstellermutter hätte keine Zeit für sie. Ich setzte mich auf das Sofa, die Schreibmaschine auf dem Schoß und schrieb."

Clarice Lispector

# clarice lispector

## das geheimnis des denkenden hasen und *andere geschichten*

Mit Illustrationen von Flor Opazo

Aus dem brasilianischen Portugiesisch von Marlen Eckl

HENTRICH
&HENTRICH

# Inhalt

Frag mal die Erwachsenen! Ein Vorwort   5

An die Leser des denkenden Hasen   9


Das Geheimnis des denkenden Hasen   11

Eine fast wahre Geschichte   23

Lauras Familienleben   39

# Frag mal die Erwachsenen! Ein Vorwort

Warum übersetzt und druckt ein Verlag für jüdische Kultur und Zeitgeschichte die Kindergeschichten von Clarice Lispector? In erster Linie sind diese Geschichten eine Entdeckung für alle Liebhaber brasilianischer Literatur und für alle Verehrer von Clarice Lispector – der bekanntesten Schriftstellerin Brasiliens. Sie schrieb diese Geschichten in den 1960er und 1970er Jahren für ihre Söhne und sie entsprechen nicht unbedingt unserer europäischen Vorstellung von Kinderliteratur. Sie sind vielmehr geprägt von der Lebenswirklichkeit auf dem südamerikanischen Kontinent.

Der „denkende Hase" etwa wurde während der Militärdiktatur geschrieben und kann entsprechend metaphorisch gelesen werden. Die Sehnsucht nach Freiheit und das Denken darüber sind zugleich zutiefst jüdische Themen.

Die „fast wahre" Geschichte enthält viele afro-brasilianische Bezüge in Form von mythischen Mächten und beseelten Wesen.

Ihre kulturelle Mischung entspricht der brasilianischen Realität des Zusammenlebens und animiert Lispector zu originellen Namensschöpfungen wie Ovidio, Odissea, Oniria, die als eine Kombination aus jüdischen Ideen über Namensgebung und brasilianischen Elementen gedeutet werden können.

Clarice Lispector zögert auch nicht, in *Lauras Familienleben* schwierige Themen anzusprechen, wie das Schlachten von Tieren und das Kochen von „dunkler Soße" aus Hühnerblut. *„Das mache ich nicht!"* – distanziert sie sich jedoch davon.

Alle Hauptfiguren in diesen Geschichten sind Tiere. Aber anders als in den meisten Kindererzählungen werden sie bei Lispector nicht vermenschlicht. Wir können nicht wissen, wie Hühner oder Hasen denken. Und trotzdem kann es uns gelingen, mit ihnen zu kommunizieren – und vor allem: ihnen mit Respekt zu begegnen.

Als Clarice noch ein Baby war, flüchtete ihre Familie vor den russischen Pogromen nach Brasilien. Ihre Mutter starb einige Jahre später, ihr Vater war ein typischer *clientelchik*, ein jüdischer Straßenverkäu-

fer. Ihre Kindheit war von Armut, zugleich von der Jiddischkeit und von der Liebe des Vaters zu den Büchern geprägt. Clarice wuchs in Recife mit Hühnern auf, die sie oft stundenlang beobachtete. Diese Erfahrungen beeinflussten vermutlich auch ihren Sinn für Gerechtigkeit: „Lange bevor ich die ‚Kunst' spürte, spürte ich die tiefe Schönheit des Überlebenskampfes (...) zu schreiben heißt also auch, ein Leben zu segnen, dass nicht gesegnet worden ist."

Nun, das Judentum ist eine leise Kultur und eine Kultur der Fragen. Leise sind die jüdischen Töne in Lispectors Erzählungen, die lieber Fragen aufwerfen als Antworten zu liefern.

Ganz in dieser jüdischen Tradition endet jede dieser Geschichten mit einer Frage. So wie Ulisses, der Hund von Clarice, am Ende fragt: *„Isst man den Kern mit oder nicht?" Ihr Kinder, fragt mal die Erwachsenen.* – so fragen wir hier: *Sind das Geschichten für Kinder?* Wir fragen mal die Erwachsenen.

Hentrich & Hentrich

Mutter und ich

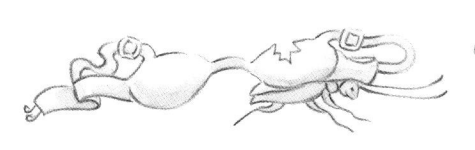
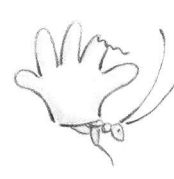

# An die Leser des denkenden Hasen

Als meine Mutter diese Geschichte schrieb, war ich ein Junge von sieben Jahren, wahrscheinlich so alt wie ihr seid. Heute bin ich längst erwachsen, aber ich habe das Kind in mir bewahrt. Ich erinnere mich noch ganz genau an unser Haus, das noch steht, und an die denkenden Hasen. Ihr könnt es mir glauben, diese denkenden Hasen gab es wirklich und ihr Geheimnis blieb ungelöst! Wie ist es ihnen gelungen, wegzulaufen, wenn der Käfig doch verschlossen war? Ich erinnere mich gut daran, wie meine Freunde und die Nachbarn in der Straße riefen: „Die Hasen sind mal wieder weggelaufen!"

Wir wissen es immer noch nicht, aber habt ihr eine Idee? Wer weiß, vielleicht könnt ihr helfen, dieses Geheimnis zu lüften?

Herzliche Grüße von

Paulo

# Das Geheimnis des denkenden Hasen

Diese Geschichte ist nur für Kinder, die Hasen mögen. Sie wurde auf Drängen und Bitten von Paulo geschrieben, als er noch klein war. Das Geheimnis des denkenden Hasen ist auch meine heimliche Liebeserklärung an zwei Hasen, die meinen Söhnen Pedro und Paulo gehörten. Diese Hasen bereiteten uns viel Kopfzerbrechen und viele wunderbare Überraschungen. Da die Geschichte nur für den Hausgebrauch geschrieben wurde, habe ich die Zwischentöne weggelassen. Sie sollten mündlich ergänzt werden. Ich bitte die Mütter und Väter, Tanten, Onkel und Großeltern um Verzeihung für die erzwungene

Mitarbeit, die sie leisten müssen. Aber aus eigener Erfahrung kann ich versichern, dass die mündliche Wiedergabe der Geschichte die beste ist. Über Hasen zu sprechen macht viel Spaß. Übrigens ist das „Geheimnis" vielmehr ein vertrauliches Gespräch als eine Geschichte. Deshalb ist die Geschichte sehr viel umfangreicher als ihre eigentliche Seitenzahl. In Wahrheit hört sie erst dann auf, wenn das Kind andere Geheimnisse entdeckt.

Clarice Lispector

Nun, Paulo, du kannst dir nicht vorstellen, was dieser Hase gemacht hat?

Wenn du glaubst, dass er gesprochen hat, dann täuschst du dich. In seinem ganzen Leben hat er kein einziges Wort gesprochen. Wenn du glaubst, dass er anders als die anderen Hasen war, dann täuschst du dich. Um die Wahrheit zu sagen, er war ein ganz gewöhnlicher Hase. Das einzig Besondere an ihm war sein schneeweißes Fell. Deshalb hätte sich auch niemand gedacht, dass ihm ein paar Ideen kommen könnten. Hörst du? Ich habe nicht gesagt „viele Ideen", ich habe nur „ein paar" gesagt. Denn man dachte, er wäre noch nicht einmal dazu fähig.

Dieser Hase dachte – wie alle anderen Hasen auf dieser Welt – mit seiner Nase. Und er dachte sich die Ideen aus, indem er seine Nase sehr schnell auf und ab bewegte. Er mümmelte so heftig, dass sie ganz rosa wurde. Wer ihn sah, konnte glauben, dass er immer nur am Denken war. Aber das stimmt nicht. Nur seine Nase war schnell, sein Kopf nicht. Um eine einzige Idee zu erschnuppern, musste er 15000 Mal mit der Nase wackeln.

Eines Tages also erschnüffelte die Nase von Hänschen – so hieß der Hase – eine so fantastische Idee, dass er ganz verrückt wurde. Vor lauter Freude schlug sein Herz so schnell, als ob er viele Schmetterlinge verschluckt hätte. Hänschen dachte sich: „Hoppla, ich bin nur ein weißer Hase, aber ich habe gerade eine so tolle Idee erschnüffelt. Sie könnte fast die Idee eines Jungen sein!" Er war begeistert. Die Idee, die er erschnüffelt hatte, war so großartig wie der Geruch einer frischen Karotte.

Hänschen fing an, die Idee weiterzuspinnen. Und dazu musste er so heftig mümmeln, dass seine Nase dieses Mal fast rot wurde. Einem Hasen fällt das Denken sehr schwer, weil niemand glaubt, dass er denken kann. Deshalb haben sich Hasen schon daran gewöhnt, nichts zu denken. Und heutzutage sind sie alle zahm und glücklich. Sie sind sehr leicht glücklich zu machen: Solange sie nur geliebt werden, stört es sie nicht, dumm zu sein.

Ich möchte dir das Wesen des Hasen näher erklären. Der Hase hat seine eigene Art, sich zu vermehren. Er bekommt zum Beispiel mehr Kinder als die Menschen. Er ist zwar zu dumm, um zu denken, aber nicht zu dumm, um Kinder zu bekommen. Während ein Vater und eine Mutter lange brauchen, um nur ein Kind zu bekommen, bekommt der Hase viele und ganz einfach so. Und genauso schnell, wie er mümmelt. Der Hase weiß auch, welche Sachen gut für ihn sind, ohne dass es ihm jemand gezeigt hätte. Der Hase hat seine eigene Art, sich im Leben zurechtzufinden.

Wie ich schon gesagt habe, fing Hänschen an, die Idee weiterzuspinnen. Und die Idee war folgende: immer dann wegzulaufen, wenn kein Futter mehr im Käfig war.

Jetzt bist du vielleicht enttäuscht, Paulo. Du hast vielleicht eine andere Idee erwartet, weil du selbst doch so viele hast. Aber es ist nun einmal so. Dies ist eine wahre Geschichte. Und jeder weiß, dass diese Idee nur einem Hasen einfallen kann. Denn er achtet nur auf die Dinge, die er wirklich braucht.

Wie ich schon gesagt habe, dachte Hänschen daran, immer dann wegzulaufen, wenn kein Futter mehr im Käfig war. Aber es gab ein

Problem: Wie sollte er aus dem Käfig herauskommen? Das Gitter war sehr eng und Hänschen war nicht nur weiß, sondern auch sehr dick. Der Käfig ließ sich nur öffnen, indem man den Deckel aufklappte. Und der Deckel war aus schwerem Eisen. Nur Menschen konnten ihn aufklappen.

Zwei Tage lang wackelte Hänschen tausende Male mit der Nase, um zu sehen, ob ihm eine Lösung einfiele. Und schließlich kam ihm eine Idee. Dieses Mal war es eine so großartige Idee, dass noch nicht einmal die Kinder, die immer tolle Ideen haben, sie erraten können. Er hatte nämlich herausgefunden, wie er aus dem Käfig herauskommen konnte. Und je länger er darüber nachdachte, umso geschickter wurde er dabei. Plötzlich entdeckten die Kinder Hänschen auf dem Bürgersteig. Sie schrien, rannten hinter ihm her, riefen die anderen Kinder der Straße herbei – alle zusammen umzingelten sie den Hasen, und so gelang es ihnen schließlich, ihn wieder einzufangen.

Bestimmt erwartest du, dass ich jetzt erzähle, wie er es angestellt hat, aus dem Käfig herauszukommen. Aber das ist das Geheimnis: Ich weiß es nicht! Die Kinder wussten es auch nicht. Denn, wie ich schon sagte, der Deckel war aus schwerem Eisen. Durch das Gitter

hindurch? Niemals! Erinnere dich, Hänschen war dick und das Gitter sehr eng.

Mittlerweile hatten die Kinder, die nicht dumm waren, bemerkt, dass der weiße Hase immer nur dann weglief, wenn kein Futter mehr im Käfig war. Deshalb vergaßen sie nie mehr, sein Schälchen zu füllen.

Der weiße Hase hatte von nun an ein sehr schönes Leben. Er hatte immer genug zu fressen. Aber nachdem er ein paar Mal weggelaufen war, fing es an, ihm Spaß zu machen. Und er begann, ohne irgendeinen Grund wegzulaufen: nur so aus Spaß. Er ließ sogar das Futter stehen, weil er so gerne weglief. Weißt du, Paulo, Kinder müssen nicht weglaufen, weil sie nicht hinter Gittern leben.

Natürlich schlug Hänschens Herz immer wie verrückt, wenn er weglief. Aber Hasen haben nun einmal ein schreckhaftes Herz. So wie sie Ideen mit der Nase erschnüffeln.

Hänschens Tage sahen bald so aus: Erst aß er sich satt und dann lief er weg, immer mit klopfendem Herzen. Es war ein tolles Vergnügen. Er riss aus und die Kinder fingen ihn wieder ein. Er hatte immer genug Futter und war sehr glücklich. Er war so glücklich, dass er

manchmal so aufgeregt mit seiner Nase wackelte, als ob er die ganze Welt riechen würde.

Wo wir gerade davon reden, möchte ich dich daran erinnern, dass ein Hase viel mehr riecht als wir. Für einen Hasen ist die Nase viel wichtiger als für uns. Ist dir noch nicht aufgefallen, dass die Nase des Hasen ständig dringende Nachrichten zu empfangen und zu versenden scheint? Denn er begreift die Dinge mit der Nase. Das soll aber nicht heißen, dass Hasen besser wären als wir. Jedes Lebewesen hat seine Stärken. Denn es ist so: Wenn du ein Hase bist, dann ist es für dich das Beste in der Welt, Hase zu sein. Aber wenn du ein Mensch bist, möchtest du nichts anderes sein als ein Mensch.

Was meinst du, Paulo? War die Familie, der Hänschen gehörte, böse auf ihn? Und ob sie böse auf ihn war! Aber sie war so böse auf ihn, wie ein Vater und eine Mutter eben auch manchmal böse auf ihr Kind sind. Sie hatte ihn trotzdem weiter lieb. Und der Hase musste noch nicht einmal mit ihr verwandt sein, damit sie ihn lieb hatte. Ich sage dir: Hänschen schaute ganz unschuldig und war so niedlich. Man hatte immer Lust, ihn an sich zu drücken. Nicht zu fest, weil sich Hänschen sonst erschreckte. Ein Hase ist wie ein Vogel: Er erschrickt,

wenn er zu fest gedrückt wird. Man weiß nicht, ob aus Liebe oder aus Wut. Man muss ganz vorsichtig sein, damit er sich daran gewöhnt, bis er einem vertraut.

Was glaubst du, was Hänschen gemacht hat, wenn er weggelaufen ist?

Manchmal denke ich, dass er weggelaufen ist, um seine Freundin zu treffen. Seine Freundin war eine eingebildete und launische Häsin, die Hänschen andauernd drohte: „Wenn du mich nicht besuchen kommst, werde ich dich vergessen." Das war natürlich gelogen, weil sie ihren Hasen liebte, aber mit diesem Trick konnte sie Hänschens Besuche sicher sein. Die Art, wie Häsinnen lieben, ist clever. Übrigens sind darin alle verliebten Frauen einander ein bisschen ähnlich.

Ich denke auch, dass Hänschen weggelaufen ist, weil er immer mehr Kinder hatte und mit ihnen etwas Zeit verbringen wollte. Seine Kinder waren kleine dicke dumme Hasen. Wenn Menschen Hasen mögen, Paulo, dann kannst du dir vorstellen, wie schön es erst ist, einen Hasen zu lieben, dessen Vater oder Mutter man ist. Das kann man gar nicht beschreiben.

Manchmal ist Hänschen auch weggelaufen, um sich draußen umzuschauen, weil niemand mit ihm spazieren ging. Dann wurde er wirklich zu einem denkenden Hasen. Er sah sich die Sachen an, die seine Nase zuvor erschnüffelt hatte, wie zum Beispiel, dass die Erde rund ist. Wie findet man heraus, dass die Erde rund ist? Entweder man liest Bücher darüber oder man ist glücklich. Ein glücklicher Hase kann vieles.

Eine andere Sache, die seine Nase erkannt hatte, war, dass die Wolken langsam vorüberziehen und manchmal am Himmel aussehen wie Riesenhasen. Auf seinen Ausflügen fand er auch heraus, dass es Sachen gibt, die gut riechen, aber nicht gut schmecken. So fand er heraus, dass Riechen fast genauso gut ist wie Schmecken.

Also, Paulo – ich frage dich noch einmal: Kannst du mir vielleicht sagen, wie der weiße Hase aus dem Käfig herausgekommen ist? Paulo, das ist eine wirklich geheimnisvolle Geschichte. Es ist eine so geheimnisvolle Geschichte, dass mir bis heute kein Kind darauf eine gute Antwort geben konnte. Und die Wahrheit ist, dass selbst ich keine Antwort darauf weiß. Aber ich kann dir versichern, dass ich nicht lüge: Hänschen ist wirklich weggelaufen.

Du hast mich gebeten, das Geheimnis seiner Flucht herauszufinden. Ich habe es auf diese Weise versucht: Ich habe ganz schnell mit meiner Nase gewackelt. Nur um zu sehen, ob ich es schaffe, das zu denken, was ein Hase denkt, wenn er mümmelt. Aber du weißt ganz genau, was passiert ist. Als ich mit der Nase gewackelt habe, sind mir keine Ideen eingefallen. Stattdessen habe ich große Lust bekommen, Karotten zu essen. Und das erklärt natürlich nicht, wie es Hänschen geschafft hat, aus dem Käfig herauszukommen. Wenn du hinter das Geheimnis kommen willst, Paulo, versuche selbst einmal, mit der Nase zu wackeln, um zu sehen, ob es klappt. Du wirst es herausfinden, weil Jungen und Mädchen Hasen besser verstehen als Väter und Mütter. Wenn du es herausgefunden hast, erzählst du es mir. Ich werde nicht mehr mit der Nase wackeln, denn ich bin schon allein vom Karottenessen ganz müde, mein Schatz.

# Eine fast wahre Geschichte

Es war einmal … es war einmal: ich!

Aber ich wette, du weißt nicht, wer ich bin. Das errätst du nie.

Weißt du, wer ich bin? Ich bin ein Hund namens Ulisses und mein Frauchen ist Clarice. Ich belle Clarice an, und sie, die mein Bellen versteht, schreibt auf, was ich ihr erzähle. Ich habe zum Beispiel einmal einen Ausflug in den Hof eines anderen Hauses gemacht und Clarice danach bellend davon erzählt. Du wirst die Geschichte gleich hören. Aber zunächst einmal möchte ich mich näher vorstellen.

Die Leute sagen, ich sei sehr hübsch und schlau. Hübsch scheine ich tatsächlich zu sein. Ich habe ein braunes Fell. Besonders meine Augen werden von allen bewundert: Sie sind golden. Mein Frauchen wollte meinen Schwanz nicht stutzen lassen, weil sie denkt, das sei gegen die Natur. Die Leute sagen: „Ulisses schaut wie ein Mensch.“

Ich mag es, mich auf den Rücken zu legen und mir den Bauch streicheln zu lassen. Schlau bin ich nur, wenn ich Worte belle. Ich bin etwas ungezogen, denn ich gehorche nicht immer. Ich mag es, das zu tun, was ich will, und ich pinkele in Clarices Zimmer. Aber abgesehen davon, bin ich ein fast normaler Hund. Ach so, ich habe vergessen zu erwähnen, dass ich Zauberkräfte habe: Ich erkenne alles am Geruch. Das nennt man „einen guten Riecher haben". Auf dem Hof, auf dem ich mich umgeschaut habe, habe ich alles erschnüffelt: den Feigenbaum, den Hahn, die Henne und vieles mehr. Wenn du rufst: „Ulisses, komm her!", dann renne ich bellend zu dir, weil ich Kinder liebe und nur beiße, wenn sie mich hauen.

Aber wollte ich dir nicht eine Geschichte bellen, die einerseits erfunden und andererseits wahr zu sein scheint? Wahr ist sie für alle, die sich gerne einmal etwas ausdenken wie du und ich. Was ich erzählen werde, scheint eine Geschichte aus der Welt der Menschen zu sein. Sie spielt jedoch in der Welt, in der die Tiere sprechen. Und die sprechen natürlich ihre eigene Sprache.

Aber bevor ich anfange, frage ich dich ganz leise, so, damit nur du es vernimmst: „Hörst du jetzt gerade einen Vogel singen?" Wenn

nicht, stell es dir vor. Es ist ein Vogel, dessen Federn golden zu glänzen scheinen. Er hat einen leuchtend roten Schnabel und ist des Lebens froh. Damit du weißt, wie sein kleines Lied klingt, mache ich dir vor, wie er singt: Tirili-tirila-tirila-la-la, Tirili-tirila-tirila-la-la, Tirili-tirila-tirila-la-la. Das ist ein Vogel der Freude. Während ich die Geschichte erzähle, werde ich sie manchmal unterbrechen, wenn ich den Vogel höre.

Und die Geschichte?

Also gut, sie beginnt auf dem großen Hof einer Frau namens Oniria.

Auch Oniria hat Zauberkräfte, aber nur, wenn sie die Küche betritt. Stell dir vor, aus Eiern, Mehl, Butter und Kakao vermag sie einen Kuchen zu zaubern, der sogar einem König und einer Königin schmecken würde. Ich frage dich: Wer ist der Zauberer in eurer Küche?

Was gab es auf dem Hof, den ich besucht und mit meiner Nase erkundet habe? Es gab einen riesigen Baum, einen Feigenbaum – und Hühner.

Das Leben dort war ruhig und friedlich: Der Regen spendete dem prächtigen Feigenbaum Wasser und die Sonne Licht. Oniria backte Kuchen und außer Mais fanden die Hühner auf dem Hof noch viele

Regenwürmer zum Essen, besonders wenn es geregnet hatte. Was für eine gute Erde!

Oniria liebte den großen Feigenbaum und die Hühner. Sie besaß sogar ein Buch, in dem erklärt wurde, wie man Hennen dazu brachte, große Eier zu legen: Anstatt ein wenig kalten Wassers musste man ihnen viel lauwarmes Wasser zu trinken geben. Den Feigenbaum düngte Oniria von Zeit zu Zeit und pflanzte an seinem Fuß gesundes Gemüse an.

Unter den Hühnern gab es einen Hahn und eine Henne, die besonders intelligent und gütig waren und ihre Freunde beschützten. Sie waren der König und die Königin des Hühnerhofs. Der Hahn hieß Ovidio. Das O stand für das Ei, das aussieht wie ein O. „Vidio" war sein Name. Die Henne hieß Odissea. Das O kam vom Ei, „Dissea" war ihr Name.

Übrigens war es bei Oniria das Gleiche: Das O fürs Ei und „Niria", weil sie es so wollte. Sie war verheiratet mit Onofre. Nun, du weißt es ja schon, das O von Onofre ist dem Ei zu Ehren – ja, du hast richtig geraten: „Nofre" hat er sich selbst ausgesucht. Und immer so weiter. Wau-wau-wau!

So ging das Leben seinen Gang. Immer ganz gemächlich! Der Wind windete, der Regen regnete, die Menschen menschelten, die Eier eierten, die Hühner hühnerten und der Baum bäumte sich auf. Und immer so weiter.

An dieser Stelle darfst du dich beschweren und fragen: Und wo bleibt die Geschichte?

Nur Geduld, die Geschichte kommt schon noch. Und zwar jetzt. Sie beginnt so: Es war an einem Sonntag, einem Tag ohne Arbeit und Termine, es war ein freier Tag. Das heißt, es war nichts los. Alles war wie immer. Die Sonne schien und die Hühner gackerten aus reiner Geschwätzigkeit. Aber die Ruhe hielt nicht lange an. Und schuld daran war der Feigenbaum, der – man weiß nicht, warum – keine Feigen trug.

(Tirili-tirila-tirila-la-la, Tirili-tirila-tirila-la-la, Tirili-tirila-tirila-la-la.)

Weil er nichts Besseres zu tun hatte, begann der Feigenbaum gegen Mittag angestrengt nachzudenken. Er strengte sich so sehr an, dass ein paar seiner Blätter zu Boden fielen. Und schließlich kam ihm ein Gedanke. Er dachte sich: Das Leben des Hahns und der Hennen

ist ein einziges Fest. Ovidio kräht sein Kikeriki und die Hennen legen Eier. Und was mache ich? Ich, der ich noch nicht einmal Feigen trage?

Je länger er darüber nachdachte, umso neidischer wurde er auf die anderen. Seine Gedanken wurden immer böser, bis er schwor, sich an den Hühnern zu rächen. Er, der keine Früchte trug und auch nicht krähen konnte, beschloss, auf Kosten der Anderen reich zu werden. Er wollte Ovidio, Odissea und den anderen Hühnern die Eier wegnehmen. Wenn er wenigstens krähen könnte, hätte er ihnen vielleicht verziehen. Aber so nicht. (Wau, wau, wau!)

In seiner Wut traf er eine folgenschwere Entscheidung: Er sollte etwas machen, das du nie errätst. Und weißt du was? Dieser boshafte Feigenbaum wandte sich an eine schwarze Wolke, die eine Hexe war. Und er bat sie: „Hexe, liebe Hexe, bitte mach, dass die Hühnereier mir gehören, auch wenn ich nicht krähen kann wie Ovidio! Ich möchte die Eier verkaufen und viel Geld damit verdienen!" Das sagte er und seine Augen leuchteten unverschämt.

Die böse Hexe hieß Oxelia. Das O kam ..., du weißt schon. Wenn sie um Rat gefragt wurde, überlegte sie nicht lange: Sie war so gemein, dass sie eine Wolke war, die noch nicht einmal regnete, wenn es reg-

Endlich waren die Hühner erlöst! Und sie legten sich schlafen, denn nach so vielen schlaflosen Nächten hatten sie viel Schlaf nachzuholen.

Der Feigenbaum war dumm: Er hatte nicht erkannt, dass man sich nicht mit den Bösen einlassen sollte. Jetzt musste er erleben, wie seine Lichter ausgingen.

Bei Tagesanbruch krähte Ovidio so schön, wie er noch nie zuvor gekräht hatte. Und die Hennen rekelten sich fröhlich.

Die Hühner waren so glücklich, dass Ovidio und Odissea beschlossen, ein Fest zu feiern. Um den anderen eine Freude zu bereiten, kauften sie 1000 Lutscher. Die Hühner wussten jedoch nicht, dass man Lutscher lutscht, und fingen an, sie mit den Zähnen zu zerkauen: Krack, krack, krack. Was passierte daraufhin? Die Zähne fielen alle aus. Und deshalb haben Hühner keine Zähne. Das glaube ich zumindest, wau, wau, wau.

(Tirili-tirila-tirila-la-la, Tirili-tirila-tirila-la-la, Tirili-tirila-tirila-la-la.)

Oniria und Onofre kehrten von ihrer Reise zurück. Sie fanden die Hühnerschar in großer Fröhlichkeit vor und freuten sich, sie zu

sehen. Als sie bemerkten, dass die Tiere keine Zähne mehr hatten, sagte Oniria zu Onofre: „Lassen wir sie frei herumlaufen, damit sie neues Gelände entdecken können, wo sie frisches Futter finden, das sie nicht kauen müssen!" Gesagt, getan. Bald darauf ließen sie Ovidio und Odissea die ganze Hühnerschar hinausführen.

Die Wiese war eine Wohltat: ein satter frischer grüner Rasen, in dem sich die Hühner ihre Schnäbel rieben. Was für ein Genuss!

Aber dann bekamen sie Hunger. Wo gab es etwas zu essen? Da erinnerten sich Ovidio und Odissea an eine sehr gutherzige Hexe namens Oxalá – das O kam von Ei, Xalá wegen der Eitelkeit. Sie besaß Zauberkräfte und erfüllte ihren Wunsch. Sie führte sie zu einem nahe gelegenen Wäldchen und zeigte ihnen einen Jabuticaba-Baum.

Weißt du, was eine Jabuticaba ist? Das ist eine kleine runde schwarze Frucht, die es nur in Brasilien gibt.

Ovidio und Odissea waren froh, weil sie wussten, dass Oxalá immer das hielt, was sie versprach. Deshalb baten sie die Hexe um eine weitere Sache: „Liebe Oxalá, könntest du dafür sorgen, dass die schwarze Wolke, Oxelia, aufhört, so gemein zu sein!"

Oxalá lächelte und sagte: „Nun, sie wird euch nicht mehr gefährlich werden. In ein paar Stunden wird sie regnen. Und sie wird auf den Feigenbaum regnen. Aber ich möchte euch noch etwas sagen: Die Jabuticaba ist eine Frucht, die man auch ohne Zähne essen kann."

Noch etwas verängstigt packten die Hühner die Jabuticabas mit ihren Schnäbeln und hielten mit ihnen die kleinen Früchte fest. Dabei machte es: tatsch, tatsch, tatsch.

Sie fanden Jabuticaba wunderbar, obwohl sie einen sauren Nachgeschmack hat. Wie du weißt, schmeckt Jabuticaba süß, aber nachdem man das Fruchtfleisch abgelutscht hat, bleibt der säuerliche Kern übrig.

Sie wachsen sowohl an den Ästen als auch am Stamm des Baumes und bedecken ihn mit Tausenden von Früchten. Wenn diese schön rund und reif sind, fallen sie zu Boden. Dann treten die Leute darauf und es macht: quatsch, quatsch, quatsch.

Die Hühner hatten viel Freude daran, die Früchte zu zertreten: Das Geräusch war so schön, dass ihnen ein wohliger Schauer über den Rücken lief. Aber sie hatten immer noch nicht herausgefunden, dass man die Frucht essen konnte.

Unterdessen sagte Odissea zu Ovidio: „Sollten wir jetzt, da wir frei und glücklich sind, nicht dem Feigenbaum, der so traurig ist, verzeihen? Ich glaube, er bereut, was er getan hat. Sollen wir Oxalá bitten, sich um ihn zu kümmern?"

„Gesagt, getan", antwortete Ovidio.

Sie schauten hoch zum Himmel und sahen Oxalá. Sie strahlte wunderschön vom hellblauen Himmel: weiß und golden im Sonnenschein. Sie hatte die Bitte gehört und sagte: „Ist gut, ich werde dem Feigenbaum vergeben. Und noch mehr: Ich werde ihm Kinder schenken, das heißt, er wird Feigen tragen."

Aber dann passierte dies: Die Hühner lutschten auf den Kernen der Jabuticabas herum und wussten nicht, was sie mit ihnen machen sollten. Sie fragten Odissea und Ovidio: „Sollen wir den Kern mitessen oder nicht?"

Odissea und Ovidio waren ratlos: Sie wussten nicht, was sie darauf antworten sollten. Zuerst dachten sie daran, Oxalá um Rat zu fragen, aber dann fanden sie, dass sie ihnen schon genug geholfen hatte und sie nun allein zurechtkommen müssten.

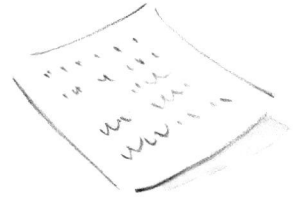

(Tirili-tirila-tirila-la-la, Tirili-tirila-tirila-la-la, Tirili-tirila-tirila-la-la.)

Als Hund weiß ich nicht, was ich den Hühnern darauf antworten soll. „Isst man den Kern mit oder nicht?" Ihr Kinder, fragt mal die Erwachsenen.

Währenddessen sage ich: „Wau, wau, wau!"

Und Clarice weiß, was ich sagen möchte: „Isst man den Kern mit oder nicht?

Das ist hier die Frage.

# Lauras Familienleben

Rate mal, wer Laura ist?

Ich gebe dir einen Kuss auf die Stirn, wenn du es errätst. Und ich bezweifle, dass du draufkommst! Du hast drei Versuche frei.

Siehst du, wie schwer es ist?

Laura ist ein Huhn.

Und ein ganz dummes noch dazu.

Aber ich bitte dich, Laura zu mögen, weil Laura das netteste Huhn ist, das ich je gesehen habe. Sie lebt zusammen mit anderen Hühnern auf dem Hof von Dona Luisa. Sie ist mit einem Hahn namens Luís verheiratet. Luís spaziert den ganzen Tag mit stolzgeschwellter Brust zwischen den Hühnern auf dem Hof herum. Denn er glaubt, dass er mit seinem Krähen im Morgengrauen den Mond und die Sonne auffordert, sich zu bewegen. Luís mag Laura sehr, obwohl er manchmal mit ihr streitet. Aber nur zum Spaß.

Ich glaube, ich muss dir die Wahrheit sagen: Laura hat den hässlichsten Hals, den ich je gesehen habe. Aber das macht dir nichts aus, nicht wahr? Denn was wirklich wichtig ist, ist die innere Schönheit. Ob du von innen heraus schön bist? Ich wette, dass du das bist. Woher ich das weiß? Weil ich dich kenne.

Und da ist noch etwas: Laura ist ziemlich dumm. Es gibt Leute, die glauben, sie wäre strohdumm, aber das ist eine Übertreibung: Wer Laura gut kennt, weiß, dass auch Laura ein paar gute Ideen hat. Es sind nicht viele, aber auch sie hat welche. Und nur weil sie weiß, dass sie nicht ganz dumm ist, ist sie so geschwätzig und eingebildet. Sie denkt, dass sie denkt. Aber meistens denkt sie überhaupt nichts.

Laura lässt sich von fast niemandem streicheln. Sie hat nämlich schreckliche Angst vor Menschen. Wenn man sich ihr nähert, und sei es nur um sie zu füttern, läuft sie weg und gackert wie eine Verrückte. „Schlachtet mich nicht! Schlachtet mich nicht!"

Aber niemand will sie schlachten, weil sie die Henne ist, die die meisten Eier von allen Hühnern auf dem Hof und in der ganzen Nachbarschaft legt.

Laura hat es immer eilig. Warum nur diese Eile, Laura? Denn eigentlich hat sie nichts zu tun. Die Eile ist eine von Lauras dummen Angewohnheiten. Aber sonst ist sie bescheiden: Es genügt ihr, zusammen mit den anderen Hennen zu gackern. Die sehen ihr sehr ähnlich: Auch sie sind rotbraun. Nur eine Henne ist anders als alle anderen: Sie hat schwarzweiße Federn. Aber die Hennen schauen nicht auf sie herab, weil sie zu einer anderen Rasse gehört. Sie scheinen sogar zu wissen, dass es für Gott keinen solchen Unsinn wie eine bessere oder schlechtere Rasse gibt.

Ich weiß, dass du Laura nie gesehen hast. Aber wenn du schon einmal eine rotbraune Henne mit einem sehr hässlichen Hals gesehen hast, dann ist es so, als ob du Laura gesehen hättest. Es wird immer ein Huhn wie Laura geben. Und es wird immer Kinder wie dich geben, die es eines Tages entdecken. Ist das nicht toll?

Schade, dass Laura niemanden mag. Wie ich schon sagte, fühlt sie fast gar nichts. Meistens fühlt sie das gleiche wie ein Schuhkarton.

Wie kann es sein, dass Laura den ganzen Tag auf der Erde herumpickt und nach Futter sucht? Es kann nicht aus Hunger sein, denn Dona Luísas Köchin gibt ihr genug Mais. Ich werde dir ein Geheimnis verraten: Sie isst aus reiner Langeweile. Sie isst jeden Dreck! Aber sie ist nicht ganz dumm. Sie isst zum Beispiel keine Glassplitter. Das ist schlau von ihr, nicht wahr?

Eines Tages fühlte sie, dass sie wieder Mutter wurde. Eilig gackerte sie Luís diese Neuigkeit zu. Luís schien zu platzen, so stolz war er, wieder Vater zu werden. Ich weiß sehr wohl, dass sie schon viele Eier gelegt hatte. Aber dieses sollte eine Schönheit werden. Es war ein ganz besonderes Ei.

Eines Nachts spürte Laura, dass das Ei gelegt werden wollte. Wie sie das spürte? Tut mir leid, das weiß ich nicht, weil ich keine Henne bin. Sie schlief und wurde wach, weil sie spürte, dass das Ei aus ihr heraus wollte. „Hoch lebe mein Sohn!", krähte Luís. Obwohl es erst Mitternacht war, freute er sich über die Nachricht so sehr, als ob die Sonne aufgehen würde.

Das schöne weiße Ei strahlte im Hühnerstall. Überglücklich putzte Laura sich mit dem Schnabel die Federn, um sie glatt zu streichen, so wie wir uns die Haare kämmen. Weil sie sehr eitel ist und es liebt, sich hübsch zu machen. Nachdem sie sich geputzt hatte, war sie bereit, sich auf das Ei zu setzen und es auszubrüten, bis das Küken schlüpfte.

Ich kann dir gar nicht sagen, wie froh alle waren. Laura bekam Besuch von ihren Freundinnen. Alle gackerten aufgeregt herum und brachten Regenwürmer als Geschenk mit, weil Laura das Ei nicht mehr verlassen durfte. Auch Dona Luísa besuchte sie. Von ihr erhielt Laura ein Schälchen voll frischem gelbem Mais.

Als das Küken für das Ei zu groß geworden war, brach es mit seinem Schnabel die Schale von innen auf. Nachdem es aus der Eierschale herausgekrochen war, erschien ein kleines hässliches und dünnes Geschöpf.

Aber schon am nächsten Tag war es das gelbeste Küken der Welt und das niedlichste noch dazu, und es begann seiner Mutter treu hinterherzulaufen. Laura pickte Regenwürmer auf und fütterte damit ihr Küken, das schon mit weit aufgerissenem Schnabel wartete.

Als das Küken ausgewachsen und ein kleiner Hahn geworden war, suchte es sich sein Futter selbst. Es hatte Lauras Angewohnheit

übernommen: Es hörte nicht auf zu essen. Laura war stolz wie eine Königin.

Dieser kleine Hahn hieß Hermany.

Eines schönen Nachts ... geschah etwas gar nicht Schönes! Im Gegenteil, es war ganz schrecklich. Im Schutz der Dunkelheit des Hofes versuchte ein Hühnerdieb, Laura zu stehlen. Aber Laura machte einen so fürchterlichen Krach, dass sie alle Hennen aufschreckte und diese zu gackern anfingen. Auch der Hahn begann zu krähen. Dona Luísa machte im ganzen Haus und im Hof Licht, und der Dieb bekam eine solche Angst, dass er weglief. Man sagt, dass er noch immer auf der Flucht sei.

Eine andere schlimme Erfahrung für Laura war, von Dona Luísa einmal an einen Nachbarhof ausgeliehen zu werden. Die Nachbarn hatten Dona Luísa darum gebeten, ihnen die Henne für einige Zeit auszuleihen, weil sie so viele Eier legte. So kam es, dass sich Laura plötzlich unter fremden Hühnern und ohne Luís wiederfand. Doch als sie anfing, unter den Hennen neue Freundinnen zu finden und viele Eier zu legen, ging es ihr bald wieder gut. Als sie auf ihren Hof zurückkehrte, war Luís überglücklich.

Dieser Hahn war, wie ich schon sagte, sehr eitel. Er war stolz darauf, mit Laura verheiratet zu sein, er war stolz darauf, sehr laut, sehr schrill und sehr heiser zu krähen, sobald die Sonne aufging. Morgens war er immer der erste Hahn in der Nachbarschaft, der sein Kikeriki schrie.

Als ich so klein war wie du, habe ich stundenlang die Hühner beobachtet. Ich weiß nicht, warum. Ich kenne sie so gut, dass ich gar nicht aufhören kann, von ihnen zu erzählen.

Ich werde dir noch eine Sache erzählen, die ziemlich eklig ist: Weißt du, dass ein Huhn etwas komisch riecht? Der Geruch erinnert an einen Korb schmutziger Wäsche oder an Leute, die sich ein paar Tage nicht gewaschen haben. Es riecht auf jeden Fall nicht frisch. Der schlechte Geruch sitzt unter den Flügeln. Aber das macht nichts. Jede Sache riecht, nicht wahr? Riechst du gut?

Was ich gerne wissen würde, ist, wer dem Hahn beigebracht hat, am Morgen zu krähen. Es gibt Leute, die sich vom Hahnenschrei wecken lassen.

Ich wünschte so sehr, dass Laura sprechen könnte. Sie würde so viel lustigen Unsinn reden, dass man es sich kaum vorstellen kann. Sie

würde zum Beispiel fragen: „Weißt du, dass eine rote Sache rot ist?"
Und du würdest antworten: „Natürlich, du hast es ja gerade gesagt."

Vielleicht könnte sie beschreiben, wie ein Regenwurm schmeckt.
Es ist aber nicht leicht, den Geschmack zu beschreiben, den man im
Mund schmeckt. Zum Beispiel: Versuche einmal zu beschreiben, wie
Schokolade schmeckt. Siehst du, wie schwierig es ist? Und das ist nur
Schokolade.

Weißt du, dass Gott Hühner mag? Und weißt du, woher ich weiß,
dass er sie mag? Wenn er keine Hühner mögen würde, hätte er keine
Hühner auf der Erde erschaffen. Gott mag auch dich, sonst hätte er
dich nicht erschaffen. Warum er Ratten erschaffen hat? Das weiß ich
nicht.

Laura küsst niemanden. Ich glaube, sie gibt Hermany ab und zu
ein paar unbeholfene Schnabelhiebe. Ich habe übrigens noch nie je-
manden gesehen, der unbeholfener war als diese Henne. Alles, was
sie macht, geht schief. Außer essen. Und natürlich Eier legen.

Es gibt ein Gericht mit Huhn, das „Huhn in dunkler Soße" heißt.
Hast du es schon einmal gegessen? Die Soße wird aus dem Blut des
Huhns gekocht. Deshalb nützt es nicht, dafür ein totes Huhn zu kau-

fen: Es muss leben und zu Hause geschlachtet werden, damit man das Blut zum Kochen verwenden kann. Und das mache ich nicht. Ein Huhn schlachten, nein. Aber das Essen schmeckt wirklich lecker. Man isst dazu sehr weißen, sehr körnigen Reis.

Es gibt noch ein Gericht mit Huhn, es heißt „Überbackene Hühnerbrust". Ich bekomme sogar Hunger, wenn ich nur daran denke. Ich weiß, wo man es essen kann. Aber ich sage es nicht, weil es Werbung wäre. Aus dem gleichen Grund kann ich auch nicht das Getränk nennen, das am besten zu diesem Huhn schmeckt. Rate mal, welches es ist! Es beginnt mit dem Buchstaben C.

Es ist schon komisch, dass man lebende Hühner mag und zugleich auch „Huhn in dunkler Soße" liebt. Menschen sind sonderbar.

Eines nur würde ich gerne wissen: Seit wann gibt es Hühner auf der Erde? Du musst es mir sagen, weil ich es nicht weiß.

Jetzt werde ich dir eine etwas traurige Geschichte erzählen.

Eines Tages zeigte die Köchin auf Laura und sagte zu Dona Luísa: „Diese Henne legt nicht mehr so viele Eier und wird langsam alt. Bevor sie krank wird oder aus Altersschwäche stirbt, sollten wir lieber ‚Huhn in dunkler Soße' aus ihr machen."

„Diese da schlachte ich nie und nimmer", antwortete Dona Luísa.

Laura hatte alles gehört und bekam große Angst. Wenn sie hätte denken können, hätte sie sicher folgendes gedacht: Es ist sehr viel besser zu sterben, wenn ich für den Menschen, der mich immer gut behandelt hat, im Tod ein Leckerbissen sein kann. Denn dieser Mensch hat mich bis jetzt nie geschlachtet. (Diese Henne ist so dumm, dass sie nicht weiß, dass man nur einmal stirbt. Sie glaubt, dass man jeden Tag einmal stirbt.)

Wenn Laura etwas gefühlt hätte, hätte sie gespürt, dass Dona Luísa sie niemals essen würde. Laura liebte es, zu leben. Deshalb steckte sie den Schnabel in den Schlamm, schmierte ihren ganzen Körper damit voll und begann, sich wieder zu putzen. Siehst du, sie ist nicht ganz so dumm: Denn sie wusste, dass die anderen sie nur achteten, weil sie die sauberste und gepflegteste Henne des Hühnerhofs war.

Als die Köchin erschien, bekam Laura Angst. Aber sie konnte sich auf Dona Luísas Liebe und Güte verlassen. Die Köchin packte eine rotbraune Henne namens Zeferina, die Laura sehr ähnlich sah. Und beim Abendessen, als alle um den Tisch saßen, wurde Zeferina, Lauras Cousine vierten Grades, auf einer großen Silberplatte in

goldbraun gebratene Stücke geschnitten und serviert. Dona Luísas Kinder, Lucinha und Carlinho, aßen, wenn auch ein wenig traurig, Zeferina mit weißem, körnigem Reis und tunkten alles in viel dunkle Soße.

Nun werde ich dir eine lustige Geschichte erzählen. Vorher muss ich aber noch erklären, dass Laura ein aufgewecktes Huhn war. So sehr, dass ein Bewohner des Jupiters – ein Typ, der nur ein Auge auf der Stirn hatte und so groß wie ein Huhn war – also eines Nachts in Dona Luísas Hof landete, während alle Hühner schliefen.

Dieser Jupiter-Zwerg hieß Xext. Er ging sofort zu Laura und weckte sie. Laura erschrak nicht, sondern sagte nur: „Hallo, du Vieh. Wie heißt du?"

„Xext", antwortete er.

„Schön, verstanden", sagte Laura und fragte: „Möchtest du, dass ich Luís bitte, zur Feier deiner Ankunft zu krähen?"

„Nein", antwortete Xext, „weil er alle damit aufwecken würde. Und es würde auch nichts nützen, weil die Leute nicht an mich glauben. Sie denken, ich sei ein Hirngespinst."

„Warum hast du mich ausgesucht, um dich zu zeigen?"

„Weil du so aufgeweckt bist."

Xext spricht man Ksekst aus. Das ist schwer, ich weiß. Es wäre leichter, wenn er José oder Zezé hieße.

Xext fragte Laura, wie die Menschen so seien.

„Ach", gackerte Laura, „die Menschen sind ganz schön schwierig. Stell dir vor, sie fühlen sich sogar gezwungen, zu lügen."

„Wünsch dir etwas von mir und ich erfülle es", sagte Xext.

„Ach", meinte Laura, „wenn es mein Schicksal ist, aufgegessen zu werden, dann würde ich gerne von Pelé gegessen werden!"

„Aber du wirst nicht gegessen und niemand wird dich schlachten. Weil ich es nicht zulasse. Und jetzt muss ich los, meine Mutter wartet schon auf mich. Sie heißt Xexta."

„Tschüss", sagte Laura.

„Tschüsschen", antwortete Xext und verschwand.

Wie schön ist es, von einem Jupiter-Bewohner beschützt zu werden, dachte Laura und schlief wieder ein. Aber der Besuch mitten in der Nacht hatte Laura ziemlich erschöpft, und am nächsten Tag sagte die Köchin zu Dona Luísa: „Laura sieht verschlafen aus."

Hier endet die Geschichte von Laura und ihren Abenteuern. Letztlich hatte Laura doch ein sehr schönes Leben.

Wenn du irgendeine Hühnergeschichte kennst, dann würde ich sie gerne hören. Oder erfinde eine schöne und erzähl sie mir.

Laura lebt.

# Ich bin Ulisses

## Clarice Lispector

(1920–1977) wurde in der Ukraine geboren. Auf der Flucht vor Pogromen gelangte ihre Familie über Hamburg in den armen Norden Brasiliens. Später lebte sie in Rio de Janeiro, studierte Jura und begann eine Karriere als Journalistin. Sie folgte ihrem Mann, einem Botschafter, in zahlreiche Länder und bekam zwei Söhne. Für ihre Romane, Erzählungen, Kinderbücher sowie literarische Kolumnen wurde sie mehrfach ausgezeichnet.

## Impressum

Deutsche Erstausgabe
Titel der Originalausgabe: O Mistério do Coelho Pensante e Outros Contos
O MISTÉRIO DO COELHO PENSANTE, © 1967
A VIDA INTIMA DE LAURA, © 1974
QUASE DE VERDADE, © 1978

Die Deutsche Nationalbibliothek verzeichnet diese Publikation in der
Deutschen Nationalbibliografie; detaillierte Daten sind im Internet über
https://portal.d-nb.de/ abrufbar.

Obra publicada com o apoio do Ministério da Cultura do Brasil/Fundação
Biblioteca Nacional. Die Veröffentlichung wurde unterstützt vom Kulturministe-
rium Brasilien/Stiftung Nationalbibliothek.

© bei den Erben von Clarice Lispector
© der deutschen Ausgabe 2013 Hentrich & Hentrich Verlag Berlin
Inh. Dr. Nora Pester
Wilhelmstraße 118, 10963 Berlin
info@hentrichhentrich.de
http://www.hentrichhentrich.de

Gestaltung der Originalausgabe: Flor Opazo
Gestaltung der deutschen Ausgabe: Michaela Weber
Lektorat: Lida Barner

Bildnachweis: S. 8, S. 55: *Paulo Valente · S. 52 aus: Gotlib, Nádia Battel-
la: Clarice Fotobiografia. São Paulo: Editora da Universidade de São Paulo
(Edusp)/Imprensa Oficial do Estado de São Paulo (Imesp) 2008, S. 407*

1. Auflage 2013
Alle Rechte vorbehalten.
Printed in the E.U.
ISBN 978-3-95565-010-0